FERRURE DES CHEVAUX.

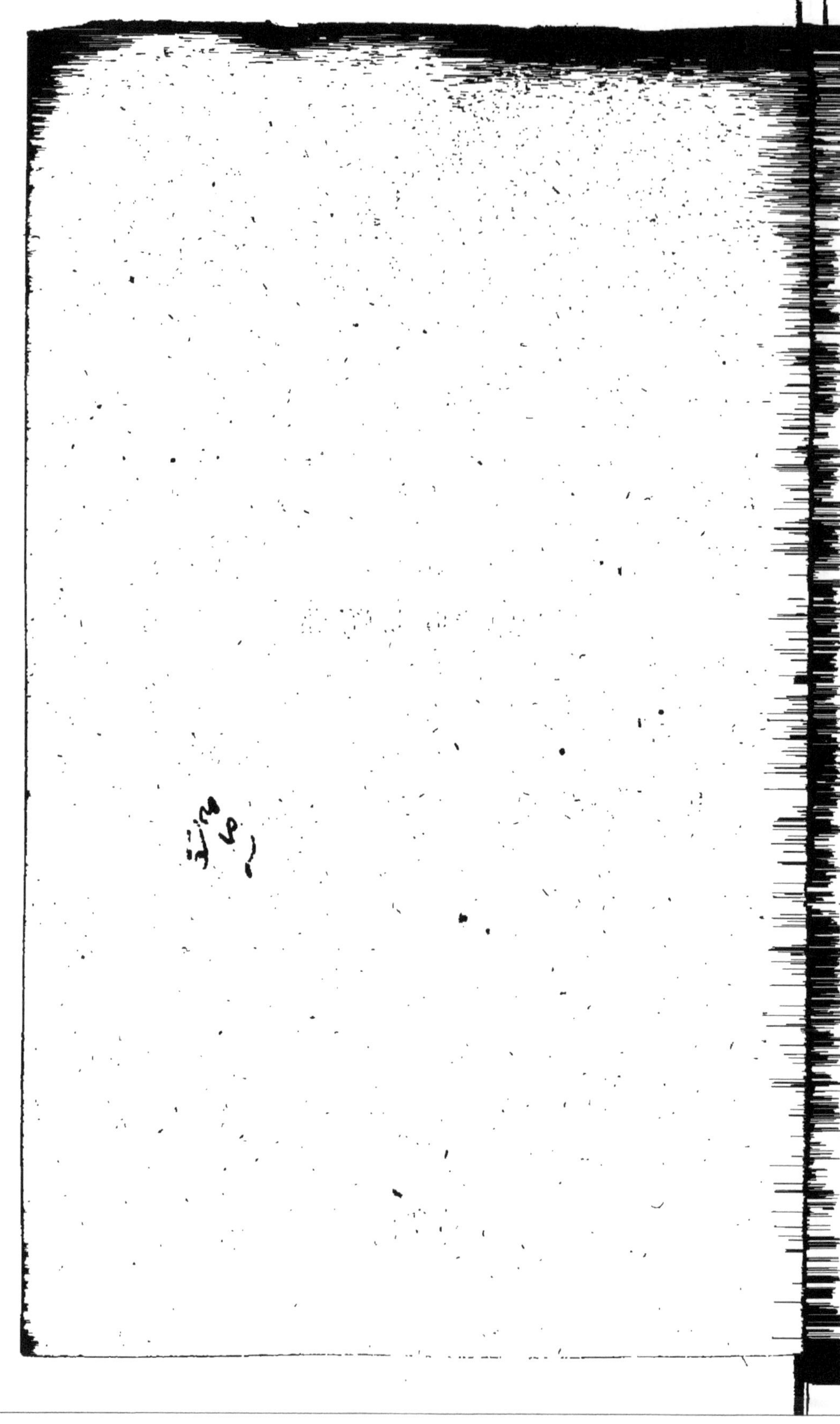

FERRURE

DES

CHEVAUX

OU

MOYENS POUR ÉVITER L'ENCASTELURE

ET AUTRES

ALTÉRATIONS DU PIED,

Par GUEUDEVILLE,

Capitaine au 6e cuirassiers, officier de remonte
à Auch.

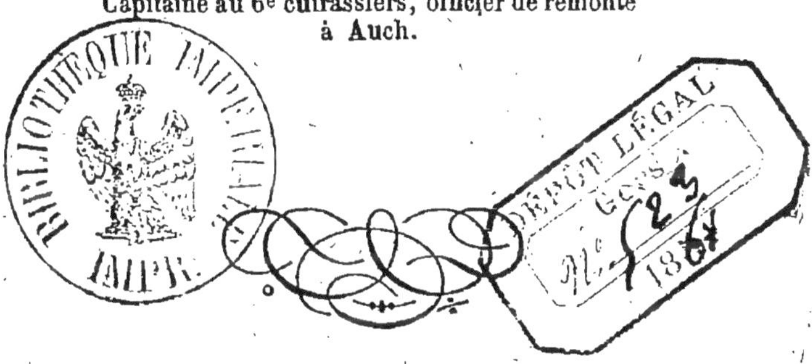

AUCH

IMPRIMERIE ET LITHOGRAPHIE FÉLIX FOIX, RUE BALGUERIE.

1860

1861

AVANT-PROPOS.

Le but de ce travail est d'arriver à conserver pendant toute la vie, dans leurs dimensions et dans leurs formes naturelles, les différentes parties du pied du cheval.

Le général Morris écrivait, il y a peu d'années : « Le pied d'un cheval qui n'a jamais été ferré ne » ressemble guère à celui que l'on ferre depuis » longtemps; il nous reste encore beaucoup à ap- » prendre sur cette matière. »

En voyant arriver en France (1859) des régiments montés sur des chevaux d'Afrique, des hommes du métier ont dit et beaucoup d'autres ont répété : « Leurs pieds ne résisteront pas dans ce pays. » — Cependant, les pieds des chevaux allemands y résistent ; ces derniers sont-ils mieux organisés pour les pays secs et chauds du midi de la France ? — Il est évident que si les pieds gros et gras du Nord résistent mieux en France que ceux d'Afrique, c'est, à n'en pas douter, qu'on sait mieux ferrer les uns que les autres, et que le système de ferrure ou mieux la manière de tailler le pied aux uns ne convient pas aux autres. *Chacun doit être chaussé selon son pied.*

Le pied du cheval du Midi, d'un tissu plus serré que celui du cheval allemand, peut et doit se conserver un jour en France aussi bien que ce dernier.

Dans les pages suivantes, on pourra être étonné de certaines opinions qui paraîtront trop nouvelles ; cela tient à ce que l'auteur a beaucoup plus étudié dans les faits que dans les livres, sur différentes espèces et en différents pays.

On trouvera aussi que la ferrure proposée ne convient pas à tous les chevaux ; en effet, elle ne convient guère qu'aux pieds ordinaires ; mais les pieds exceptionnels, aujourd'hui très nombreux, deviendront de plus en plus rares, lorsqu'on adoptera une ferrure plus conservatrice.

A notre avis, les moyens employés pour protéger le pied du cheval ne sont pas toujours d'accord avec la nature.

En faisant travailler le cheval aux allures vives sur un sol artificiel très dur, l'homme doit chercher à augmenter l'effet de ressort du pied; car, bien que l'élasticité du pied suffise sur un sol naturel, en voyant le prompt développement des tares chez les chevaux qui trottent sur le macadam par les temps secs, il semblerait qu'ils ne sont pas suffisamment bien organisés pour les allures vives sur un sol dur.

Le mal signalé dans ce travail est si répandu dans certaines espèces de chevaux, et en même temps si facile à prévenir, qu'en présence de ces considérations et des services que rend le cheval, tout homme doit se faire un devoir de contribuer, dans la mesure de ses moyens, à faire disparaître le mal. C'est pour m'acquitter de ce devoir que je me suis décidé à publier le résultat de mes recherches ; je le fais avec d'autant plus d'empressement qu'il s'agit de défendre des chevaux français accusés peut-être un peu légèrement d'un défaut qui, au lieu de provenir d'un vice inhérent à leur nature, provient plutôt du fait des hommes.

Je crois avoir la certitude que mes chevaux n'éprouveront jamais de resserrement aux pieds. Ainsi, mon travail va se borner à rappeler ce qui se fait et ce qui arrive et à indiquer ce que je fais et ce que j'obtiens.

Bien qu'il soit étranger à la ferrure, en considération de l'importance des aplombs, je terminerai ce travail par un article intitulé : *Un mot sur les aplombs à l'écurie.*

Notions sur le Sabot du Cheval.

Le sabot du cheval est un tissu de corne dont les trois parties principales, la paroi ou muraille, la sole et la fourchette, constituent un ensemble protégeant suffisamment sur un sol naturel les parties sensibles du pied, tout en permettant certains mouvements d'autant plus développés qu'on se rapproche davantage des parties postérieures, et que le sabot a moins éprouvé de resserrement dans sa largeur mesurée d'un quartier à l'autre. (Voir les figures à la fin de ce travail.)

Sans entrer dans tous les détails de la description, pour l'intelligence de ce qui va suivre, il est bon de connaître les parties principales du sabot :

La muraille ou paroi est la corne entourant le pied; on nomme *pince* sa partie inférieure et antérieure; les mamelles sont situées de chaque côté de la pince, les *quartiers* viennent ensuite, puis les talons. — *La sole* est la partie du dessous du pied entourée par la muraille; elle se termine en arrière par deux pointes entre lesquelles existe une échancrure en forme de V remplie par *la fourchette*. — On nomme *lacunes du sabot* les rainures profondes qui existent sur les côtés de la fourchette.—*Les talons* ont pour base les plis renforcés que la muraille forme sur les pointes de la sole.— *Les arcs-boutants* ou barres sont les prolongements de la muraille qui, après s'être reployés sur les pointes de la sole, longent et consolident les bords internes de cette dernière. — Cette disposition, qui fait aux talons une double muraille, en explique la force dans les pieds bien conservés. Il convient d'ajouter que d'autres causes donnent à la corne des talons plus de tenacité qu'ailleurs, ce qui fait qu'on ne les voit jamais se dérober.

Nous disons que l'arc-boutant peut être considéré comme un prolongement de la muraille parce que, à l'intérieur du sabot, il y a environ une longueur de vingt-cinq millimètres de l'arc-boutant, dont le tissu est feuilleté comme dans le pli du talon et à la face interne de la paroi, et qu'à l'extérieur, vers les talons, on remarque que la corne des arcs-boutants est fibreuse; mais, comme elle ne descend pas de la couronne, elle est moins liée par le gluten, et conséquemment plus cassante que la corne de la muraille.

On sait que le volume du sabot doit être proportionné au volume du cheval, et qu'il est bon que la corne soit noire, unie et luisante.

Le dessous du pied du cheval de race est naturellement concave. La concavité peut augmenter par le fait de la diminution de la fourchette, par l'atrophie des arcs-boutants, par l'excès de hauteur des talons, etc.

On reconnaît le pied plat à la direction de la corne plus ou moins inclinée en pince et au défaut de concavité de la sole.

Les pieds un peu plats avec la ferrure usuelle se conservent mieux que les pieds bien conformés, parce que les maréchaux se trouvant dans l'impossibilité de les creuser en enlevant la corne de la fourchette, celle-ci porte plus ou moins sur le sol et conserve sa force, comme tout organe qui n'est pas privé de ses fonctions; c'est ce qui explique comment les pieds allemands se conservent mieux en France que les pieds des chevaux du Midi.

C'est d'après ces faits, basés sur une pratique de ferrure évidemment défectueuse, que des hommes du métier ont pu dire en voyant arriver des chevaux d'Afrique dans le midi de la France : « *Leurs pieds ne résisteront pas dans ce pays.* » Cette appréciation n'implique-t-elle pas une contradiction? — Comment expliquer en effet que les pieds à corne résistante de nos chevaux de l'Algérie ne pourront pas se maintenir en bon état là où les pieds des chevaux allemands se conservent?— Ou il faut admettre qu'un pied à corne dure et solide vaut moins qu'un pied qui n'a pas ces qualités, ou que le mal vient d'une ferrure irrationnelle... C'est donc avec raison que le général Morris, homme compétent, a pu dire en parlant de la ferrure : « Il nous reste encore beaucoup à apprendre sur cette matière. »

Le sabot d'un cheval qui n'a jamais été ferré est large en talons; la fourchette est large à sa base et les arcs-boutants sont bien dessinés, d'où résulte un bon appui. — Ici comme ailleurs, la nature ne devrait-elle pas nous servir de règle invariable?— Qu'avons-nous de mieux à faire que de conserver ces parties si importantes dans leur intégrité native?

Le derrière du pied a pour base une voûte avec ses piliers (les talons), ses arcs (les arcs-boutants), sa clé (la fourchette). Dans l'état normal, les trois parties de cette voûte ont une certaine mobilité; les arcs et la fourchette s'affaissent un peu dans l'appui du pied et font ensuite ressort, ce qui, aux allures vives, diminue l'effet de la réaction produite par le choc du pied sur le sol, et dispose le membre à s'enlever de nouveau.

Il a été dit plus haut que le sabot du cheval protège efficacement les parties sensibles du pied sur un sol naturel, mais il devient insuffisant sur le sol artificiel de nos routes. Le pied du cheval a d'autant plus besoin du fer que sa corne est moins résistante et plus exposée au contact de l'eau (1) et

(1) La corne ne peut résister longtemps à l'eau; cependant, une certaine dose d'humidité favorise sa croissance et entretient sa souplesse; c'est pourquoi, en été, il vaut mieux graisser le sabot lorsqu'il est humide que lorsqu'il est sec. — Voir page 24.

des terrains empierrés qui sont les deux plus puissants destructeurs de la corne.

Dans les pieds ordinaires, les parties du sabot qui se dégradent les premières par la marche à pieds nus sont les mamelles. Il en est de même dans les pieds ferrés qui se dérobent, et les parties qui résistent le mieux sont les talons; ils forment deux piliers destinés à supporter l'appui le plus fort. La direction du membre indique aussi cet appui. L'usure du fer, souvent plus prononcée en pince, doit être attribuée au frottement, c'est-à-dire au poser et au lever.

Pour le dessous du pied, voyons ce qui se passe dans la nature, car c'est toujours à elle qu'il faut avoir recours pour découvrir la vérité. Prenons un cheval d'espèce légère (tout ce qui n'est pas de gros trait), qui n'ait jamais été ferré, et qui ait marché de manière à n'avoir les pieds ni longs ni courts; le pied étant levé on remarquera : 1º que c'est la circonférence qui porte le plus sur le sol; 2º que la sole est légèrement concave, surtout vers la pointe de la fourchette; 3º que le bord externe de la sole est de niveau avec le bord inférieur de la muraille;

4° que la partie de la sole qui a porté sur la terre va en s'élargissant des talons à la pince, où les points d'appui ont, particulièrement aux pieds de derrière, jusqu'à trois centimètres de largeur mesurée entre la pointe de la fourchette et la pince.

A partir d'un à deux centimètres de l'angle des talons, l'arc-boutant, devenant d'une nature écailleuse, est d'autant moins élevé qu'on avance davantage dans la direction de la pointe de la fourchette; celle-ci, large à sa base, arrive presque au niveau inférieur des talons; elle ferme plus ou moins les deux lacunes ou rainures du pied par ses prolongements qui entourent les talons et auxquels ils donnent la figure du dessin de la base d'un cœur (1). Ces prolongements, épanouis sur l'angle des talons qu'ils lubrifient, se rétrécissent ensuite, et remontent pour former *le périople*, petite bande de corne grasse d'environ un centimètre de largeur, laquelle se confond avec le biseau ou bord supérieur de la muraille. Pour la bien distinguer, il faut faire macérer le sabot, ou l'étudier sur un

____

(1) Forme qu'on retrouve rarement dans les chevaux ferrés depuis plusieurs années.

pied vivant qui aura séjourné dans un lieu humide.

Le périople a quelque analogie avec une bride à sabot d'homme, laquelle, s'attachant au talon dont elle couvrirait le derrière, viendrait en se rétrécissant passer sur le coude-pied. C'est surtout cette partie qu'on doit graisser pendant les temps secs.

Description d'un Fer ordinaire.

On distingue dans le fer à cheval :

Deux faces, l'une supérieure et l'autre inférieure.

Deux branches, l'une interne et l'autre externe.

Deux rives, l'une interne et l'autre externe.

La pince, qui répond à la partie portant le même nom dans le sabot du cheval.

Les mamelles de chaque côté de la pince.

Les éponges sont les extrémités du fer.

Les étampures sont les trous destinés à recevoir les clous; leur tête doit s'y loger en grande partie.

On nomme voûte du fer la partie de la rive interne qui correspond à la pince.

Le fer découvert ou dégagé est celui dont les branches sont étroites.

Le fer à éponges tronquées est celui dont les branches sont assez courtes pour laisser de deux à quatre centimètres de talons à découvert (inférieurement).

Les autres fers qu'on appelle : fers à caractères ou méthodiques, pathologiques, etc., ne devant être employés que pour les pieds malades et les pieds défectueux, leur application doit être réservée à la thérapeutique vétérinaire.

Observations générales sur le fer.

Tout fer se rapprochant du fer ordinaire indique aussi, à première vue, un pied ordinaire.

Tout fer méthodique ou exceptionnel attire les regards et indique un pied malade ou défectueux.

Le meilleur fer pour les pieds ordinaires est celui qui garantit convenablement la muraille et permet au pied l'usage complet de ses fonctions.

Pour réunir ces conditions, il faut au fer quatre

qualités principales : 1° une tournure convenable pour le pied; 2° les étampures vers la pince; 3° la force; 4° la légèreté. Avec une tournure convenable et une épaisseur ou force suffisante, la paroi sera protégée; les clous, fixés en avant, laissent plus de liberté aux talons. Les deux dernières qualités ne peuvent exister ensemble qu'autant que le fer sera découvert (branches étroites). Le fer découvert empêche que le pied ne soit un réservoir pour la fange, surtout si le pied n'a pas été creusé; ce fer est moins lourd; il permet à la fourchette, aux arcs-boutants et à la sole l'usage de leurs fonctions si, toutefois, ces parties ont été laissées intactes, ce qui n'est pas assez admis en pratique.

Pour le gros trait, le fer doit être épais, mais il serait bon qu'il fût découvert aussi, excepté pour les pieds plats.

Quant à l'ajusture, à la première ferrure, elle doit être en rapport avec l'usure du pied, et ensuite avec l'usure du vieux fer (il n'est pas question des pieds malades).

La face supérieure du fer n'étant pas visible

dans le pied ferré, il convient d'appeler l'attention sur cette partie, laquelle n'est pas toujours l'objet d'assez de soins. Dans l'action de *rebattre le fer*, la face inférieure devient très unie, pendant que l'autre face, qui s'applique sur la corne, ne l'est généralement pas assez. Il serait bon que les parties non étampées du fer fussent rebattues à l'inverse de la partie étampée, c'est-à-dire que l'on frappât sur la face inférieure; alors, la partie sur laquelle les talons se dilatent et glissent aurait l'avantage d'être toujours bien unie.

Les fers méthodiques sont beaucoup trop multipliés. La théorie de l'école de maréchallerie de Saumur compte vingt-huit sortes de fers utiles dont sept peu usitées. Vingt-huit sortes de fers non compris les fers pathologiques!

La théorie est très compliquée pour l'intelligence des ouvriers chargés d'en faire l'application; il serait à désirer qu'on essayât moins à apprendre à guérir des maux qu'on peut éviter, et *qu'on s'attachât davantage à ferrer tout simplement pour conserver les pieds tels que la nature les a faits*. En effet, tous ces modèles de fers, qui doivent rectifier la nature, ou mieux des fautes commises, et remédier à une foule d'altérations du pied, n'ont pas empêché le vétérinaire d'un régiment d'avoir eu à traiter *cent* seimes pendant l'été de 1858. On peut admettre que la sécheresse exceptionnelle de cette année (1858) a contribué à ces affections; mais comme les chevaux à pieds nus n'ont jamais de seimes, on doit attribuer la principale cause du mal au resserrement des pieds et à l'affaiblissement des quartiers, deux cas ordinairement produits par un système de ferrure qui n'est pas assez hygiénique.

Les vingt-huit sortes de fers cités n'empêchent pas que l'encastelure ne cause, en France, un dommage assez grave à une grande partie de la gendarmerie. J'ai visité beaucoup de résidences de gendarmerie dans le midi, j'y ai trouvé environ les trois cinquièmes des chevaux affectés de resserrement aux pieds de devant. Ce qui m'a surtout porté à donner place ici à ces quelques lignes, c'est la pensée que les cavaliers de cette arme payent leurs montures, et que, avec les soins constants qu'ils leurs prodiguent, on verrait dans la gendarmerie des chevaux prolonger leurs services jusqu'à l'âge de vingt à vingt-cinq ans s'ils étaient ferrés avec moins d'*art*. Des maréchaux appliquent aux pieds des chevaux des gendarmes ce qu'ils appellent une ferrure de luxe; ils leur font des petits pieds *bien dégagés* (1).

Il existe un fer exceptionnel qui produit souvent de bon résultats : c'est le fer à éponges tronquées et incrustées aux talons. Ce fer peut être appliqué utilement dans plusieurs cas. On l'emploie ordinairement comme remède. Il serait à désirer qu'il fût aussi employé quelquefois comme fer hygiénique. Il donne aux parties postérieures du pied le moyen de se fortifier. Ce fer a l'inconvénient de permettre aux talons de s'user pendant que la pince s'allonge par l'effet de la croissance. On y remédie en renouvelant fréquemment la ferrure pour remettre le devant du pied en rapport avec l'usure des talons.

---

(1) Je partage aussi l'opinion de ceux qui trouvent que beaucoup de chevaux de gendarmerie, dans le midi, sont chargés d'un excès d'embonpoint qui doit contribuer à leur usure prématurée.

Examen de la Ferrure des Chevaux.

En examinant les divers moyens d'appliquer le fer sous le pied du cheval, j'ai cru remarquer qu'en France l'*art* joue un trop grand rôle et que la mode et la routine exercent une influence funeste, lorsqu'elles portent l'ouvrier à réduire les dimensions du pied sans tenir compte des exigences de la nature.

Le pied du cheval est trop souvent considéré comme une matière inerte qu'un habile ouvrier peut tailler à sa fantaisie. On oublie trop que ce pied possède les trois facultés principales de l'existence animale : la sensibilité, la chaleur et le mouvement. Le pied du cheval doit être traité comme tout organe vivant, et l'on doit avoir constamment en vue la pensée de ne pas nuire à l'exercice normal de ses différentes parties.

Tout en reconnaissant la mauvaise influence de la ferrure, on se contente de répéter : *la ferrure est un mal nécessaire*. La ferrure est *nécessaire* pour les chevaux qui travaillent sur les routes empierrées et dans des lieux humides. La ferrure n'est pas *un mal* si en protégeant avec le fer seulement la partie qui doit l'être on laisse aux autres parties du pied leur force naturelle.

Les progrès de la ferrure sont dirigés plutôt en vue de l'*art* qu'en faveur de la conservation du pied. Le fer n'étant utile que pour protéger la muraille (1), le maréchal devrait s'occuper spécialement de cette muraille et de la partie de la sole qui s'unit à elle. Ici, deux cas se présentent :

1o Le marchand de chevaux, ne s'occupant que de la vente, veut un pied bien paré, léger et surtout *dégagé*. (Voir ce mot, page 17.)

2o Le propriétaire et tous ceux qui usent du cheval, désirant obtenir de bons et de longs services, doivent s'occuper des moyens à employer pour conserver l'animal.

Dans quel sens le maréchal opère-t-il? Malheureusement, le plus souvent, il adopte l'idée du marchand. C'est pourquoi la ferrure est généralement impuissante pour conserver dans leur état

(1) Il ne s'agit que des pieds ordinaires.

naturel les pieds des chevaux de sang ou d'espèce. Beaucoup de maréchaux prétendent qu'ils travaillent à élargir les talons, et, après un certain nombre d'années de ferrure, le cheval a les talons plus étroits que la première fois qu'on l'a ferré !

Lorsque par suite d'hérédité ou de la ferrure appliquée au poulain prématurément, etc., il se trouve des talons et des quartiers faibles, le moyen de diminuer le mal consisterait à ne pas râper ces parties, à graisser le pied, surtout à la couronne et aux talons, et à faire porter les parties faibles carrément sur le fer ou sur le sol. *Toute partie vivante se fortifie par un travail modéré et s'affaiblit par un repos forcé.* C'est ce qu'on n'observe pas assez; aussi, presque toujours dans ce cas, voit-on le mal augmenter, et le pied s'éloigner de plus en plus de sa forme primitive. Alors les seimes, les bleimes arrivent; on s'aperçoit qu'on a un mauvais cheval pour le service, et au lieu de rechercher la véritable cause, on rejette la faute sur les défauts attribués à l'espèce.

Pour la conservation des pieds, la difficulté consiste à vaincre la routine de certains maréchaux.

Ils opposent aussi leurs prétentions, et ils se donnent la satisfaction de ce qu'ils appellent *dégager le pied*, ce qui signifie : le creuser en enlevant en grande partie la fourchette et les arcs-boutants; de là découlent presque tous les inconvénients cités précédemment.

Pour protéger le pied du cheval sur les routes empierrées et sur le pavé des villes, on a reconnu qu'il suffit que le bas de la muraille soit garanti par le fer. C'est sans doute ce qui a porté les Anglais à adopter un fer moins couvert que le nôtre, pendant que les Turcs, dans leur ignorance, continuent d'attacher une plaque en fer sous le pied de leurs montures.

En Provence, on attache aux sabots des mulets des fers lourds et souvent deux fois larges comme le pied. Ces fers surchargent les membres et nécessitent l'emploi de gros clous qui contribuent à dégrader la corne. Nous préférons la ferrure ordinaire appliquée aux pieds des belles mules de Malte et autres.

Contradictions en Maréchalerie.

Etant donné un pied de cheval dont la muraille (corne entourant le pied) a besoin de la protection d'un fer pour résister aux routes empierrées, le maréchal garnit le bas de cette muraille avec le fer à cheval, mais à une condition : c'est qu'il taillera, qu'il affaiblira les parties du dessous du pied que le fer ne doit pas protéger.

Le savant et l'ignorant diront : en effet, on ne conçoit pas qu'en mettant du fer seulement sous la moitié du pied, on enlève la corne dure qui doit protéger l'autre moitié. Si l'on n'y met pas de fer, on devrait au moins y laisser la corne. L'amateur répondra : cela se pratique ainsi, c'est l'usage. Ce n'est pas ici l'ouvrier qui a le plus grand tort. L'amateur et le marchand de chevaux lui ont dit : Faites *des pieds propres, des petits pieds bien dégagés,* et l'ouvrier en a pris l'habitude, et comme le marchand et l'amateur, il a perdu de vue l'idée conservatrice et le travail simple qui s'accorde avec la nature. Il fait de l'*art*, il travaille à la mode; mais il agit au détriment du cheval.

Lorsque la fourchette est saine et qu'elle porte un peu sur le sol, elle se recouvre d'une forte couche de corne dont la superficie devient très dure et forme un bouclier résistant au contact des pierres. Le maréchal enlève cette couche protectrice et ne laisse souvent qu'une couche mince et molle, adhérente à la chair; c'est, dit-il, pour que la fourchette ne soit pas meurtrie par les pierres!...

Les maréchaux recommandent de tenir le pied du cheval propre, et ils le creusent jusque sous les trois quarts d'un fer à branches trop larges, ce qui fait du pied une sorte de réservoir pour la fange.

Beaucoup de personnes prétendent que la garniture fait élargir le pied, ét, après quelques années de ferrure, le pied est devenu plus étroit que le premier jour qu'on l'a ferré.

L'ouvrier a besoin d'une bonne muraille pour brocher les clous, et il la dégrade souvent par trois moyens : en la râpant fortement, en la chauffant trop longtemps, et parfois en ne faisant porter le fer que sur l'angle inférieur de la paroi, ce qui est une cause des pieds dérobés.

Un cheval a-t-il les boulets postérieurs trop inclinés? Sous prétexte qu'il est pinçard, on lui taille les talons à fond, et naturellement le mal augmente.

Les poulinières et les jeunes animaux qui ont les pâturons postérieurs trop inclinés font appui en talons; mais dès que les fatigues se font sentir, les tendons de soutien ne peuvent résister, le sabot se redresse, et il devient pinçard d'autant plus promptement qu'on pare davantage la corne des talons.

Pieds Encastelés.

Fig. 3.

Les altérations des pieds ferrés, surtout chez les chevaux d'espèce, sont souvent en rapport avec le nombre d'années de ferrure du cheval.

Pour reconnaître le mal à première vue, le meilleur moyen consiste à se placer derrière le cheval et à comparer les talons des pieds de derrière à ceux des pieds de devant; ces derniers doivent toujours être *les plus larges*.

La routine et la mode portent le maréchal à diminuer la force de la fourchette, de la sole et des arcs-boutants; de sorte que la voûte du pied serait menacée d'un affaissement anormal si la nature plus puissante que l'homme n'arrivait pas au secours des parties lésées. Voici ce qui a lieu : à mesure que les arcs et la clé de voûte du sabot sont enlevés par le maréchal, la nature rapproche les deux piliers (les talons); ils deviennent en même temps plus forts, ils envahissent en partie les points postérieurs occupés précédemment par la fourchette, et, au lieu de s'affaisser, la voûte est alors plus haute, plus étroite; elle devient immobile : un autre mal est produit. (*Voir des pieds encastelés, dits pieds de mulet ou pieds mulâtres.*)

Le resserrement en talons se produit aussi parfois, même avec des pieds larges en avant, mais rétrécis et un peu allongés en arrière. Dans ce cas, les quartiers et les talons sont faibles; la fourchette longue et étroite à sa base a quelquefois changé sa forme en V pour prendre la forme d'un grain de seigle, et les arcs-boutants sont presque atrophiés. Ces pieds pourraient être dits : *pieds en huîtres* (pour le contour.)

Ces sortes d'altérations que l'on pourrait prévenir sont une source de boiteries, de bleimes, de seimes, de fourchettes échauffées, d'aplombs faussés, etc.

Les talons des pieds d'un cheval de trois ans et au-delà qui n'a pas été ferré présentent par leurs contours la forme de la base d'un cœur; dans les pieds qui viennent d'être cités, cette base ayant pris une forme pointue, on peut juger par cette transformation toute l'étendue de l'altération produite alors par la ferrure.

Cause principale du Resserrement des Pieds des Chevaux.

Le maréchal enlève trop de corne sur les points où le fer ne porte pas (dégager le pied).

Causes secondaires de Resserrement.

1º Ferrer les poulains avant le complet développement du pied.

2° Les clous du fer, en diminuant la dilatation du pied dans l'appui.

3° La concavité du fer, lorsqu'elle existe d'un côté à l'autre. Cette concavité (ajusture) ne doit exister que de la pince aux mamelles; de celles-ci jusqu'aux éponges, les branches du fer doivent présenter leur face supérieure très plane et très unie.

4° La sécheresse de la température, qui agit particulièrement sur le derrière du pied où la corne est plus grasse et plus souple qu'ailleurs; la râpe passée sur les quartiers, le fer chaud tenu trop longtemps sur le pied, agissent dans le même sens que la sécheresse.

5° Le manque d'un bon appui en quartiers et en talons tend aussi à affaiblir ces parties;

6° Les fers couverts qui ne permettent que rarement à la fourchette de porter, et qui conservent des matières sales, lesquelles dégradent et affaiblissent le dessous du pied.

7° Les étalons atteints d'encastelure, parmi lesquels il s'en trouve qui communiquent ce défaut à leurs produits.

De toutes ces causes au nombre de huit, six peuvent être supprimées. Il est facile de ne parer que la place du fer; de ne pas ferrer les poulains trop tôt; de ne donner de l'ajusture qu'en pince; de faire porter les talons carrément sur le fer, ou sur le sol si le fer est à éponges tronquées. Il est facile d'employer des fers découverts pour les pieds ordinaires, de supprimer les étalons atteints d'encastelure; et dans les haras, rien n'empêcherait de laisser à pieds nus ceux dont les talons sont susceptibles de resserrement.

L'influence de la sécheresse de la température avec ou sans alternatives d'humidité peut être combattue par l'emploi des corps gras qu'il vaut mieux employer en sortant de l'eau qu'avant d'y entrer, afin de conserver au sabot une certaine humidité qui concourt à y entretenir la vie et la souplesse.

Enfin, il ne reste comme cause de mal sans remède que l'effet des clous du fer. Mais en diminuant leur nombre lorsqu'il y a lieu (voir page 38) et en perçant les étampures autant que possible vers la pince, cette cause seule ne peut guère produire le resserrement. Nous croyons en voir la preuve dans les chevaux dont les pieds ont conservé leurs dimensions. — Voir, à la manière de parer le pied, un moyen indiqué pour compenser autant que possible l'effet des clous du fer dans leur action contre la dilatation du pied.

L'instrument appelé désencasteleur, récemment inventé, peut être un instrument précieux dans des mains habiles; mais nous n'en considérons pas moins comme un devoir, pour tout homme qui s'intéresse au cheval, de s'opposer à l'encastelure. — *Le mal le plus facile à guérir est celui qu'on a empêché de se produire.*

Chevaux qu'on ne devrait pas ferrer.

Jusqu'à ce qu'on ait trouvé une ferrure entièrement conservatrice des dimensions du pied, il serait bon qu'on ne ferrât que les chevaux qui en ont un besoin absolu.

En principe, tout cheval qui ne doit pas travailler ou marcher sur les routes ou sur le pavé ne devrait pas être ferré.

C'est un mal, souvent sans remède, de ferrer le

poulain de race ou d'espèce légère avant le complet développement du pied.

Les poulinières et les étalons dont les pieds sont susceptibles d'encastelure ne devraient être ferrés que lorsqu'ils doivent marcher sur les routes assez longtemps pour boiter.

Sur le terrain généralement sec de la Provence et sur beaucoup d'autres points pendant la belle saison, les mulets, les ânes et certains chevaux employés à l'agriculture pourraient marcher sans fers (1).

Les chevaux qui ne travaillent qu'au manége et qui ont de bons pieds pourraient n'être pas ferrés; dans les écoles de cavalerie, ce serait un sujet d'étude. — Si l'animal devient boiteux par suite de l'usure de la corne, en le ferrant convenablement la boiterie cesse. En Turquie, par suite du manque de fers, nous avons vu cette expérience renouvelée sur un grand nombre de nos chevaux, sans qu'il en résultât aucun inconvénient notable.

Chez des éleveurs, cultivateurs et autres chez

____

(1) L'âne du vigneron est chaussé de 4 fers, pendant que sa femme va pieds nus pendant l'été. Notre avis serait d'agir autrement.

lesquels des chevaux restent en hiver pendant trois ou quatre mois, sans que la ferrure soit renouvelée, il serait bon pendant ce temps que les chevaux fussent déferrés(1). Dans ce cas, on doit tailler le pied et redresser la muraille au besoin. Il est utile aussi de passer la râpe pour arrondir l'angle inférieur de la muraille, ce qui évite la production des éclats de corne (pied dérobés).

J'ai eu l'occasion d'observer des poulinières et des poulains non ferrés, des chevaux à pieds nus en Turquie, des chevaux d'Afrique, etc. Ces animaux ont les mouvements plus aisés; les articulations des membres se conservent mieux; le pied est *exempt de resserrement, et de presque toutes les maladies qui peuvent l'affecter.*

J'ai remarqué que le poulain ou le cheval qui a été ferré n'a plus la corne aussi résistante pour la marche à pied nus que celui qui ne l'a jamais été. La muraille ne redevient dure et polie à sa base que lorsqu'elle est usée jusqu'à la hauteur des traces des rivets.

(1) L'animal qui n'use pas ses fers en quatre mois pourrait être pieds nus.

Coup d'œil sur la Théorie de l'Ecole de Maréchalerie de Saumur.

Edition de 1850.

Cette théorie est divisée en trois parties : la 1re et la 3e comprennent la description du pied, les accidents auxquels il est exposé, quelques notions sur les maladies en général, et les précautions à prendre pour administrer les médicaments. Ces connaissances très utiles sont bien classées; elles sont exprimées d'une manière simple et tout à fait à la portée des ouvriers maréchaux.

La 2e partie renferme les connaissances essentielles sur la ferrure, Elles sont contenues dans 62 pages que l'on fait apprendre autant que possible littéralement. Soixante-deux pages à apprendre littéralement pour des ouvriers qui doivent avant tout *forger pour devenir forgerons*, c'est beaucoup. — Les prescriptions sur la ferrure des pieds défectueux y sont très longuement détaillées; en les réduisant, on pourrait en rendre la connaissance plus facile, et faire disparaître en partie l'espèce d'antipathie qu'éprouvent les maréchaux pour la théorie.

En arrivant dans les corps de l'armée, s'ils ne sont pas d'une certaine force, les élèves maréchaux de Saumur sont souvent l'objet de plaisantéries motivées sur leurs connaissances théoriques étendues, mais qu'ils ne rendent et n'appliquent pas toujours assez bien parce que beaucoup de mots leur échappent.

Le manuel de maréchalerie de l'école a rendu des services que beaucoup d'hommes compétents ont pu apprécier. Seulement, si la chose n'est pas déjà faite, il serait à désirer qu'il fût revu et simplifié. —On pourrait négliger quelques détails sur certains pieds défectueux qui disparaissent avec l'amélioration des races, et s'appesantir sur les pieds ordinaires et surtout sur la manière de les conserver.

Qu'il nous soit permis d'entrer dans quelques détails.

TEXTE DE LA THÉORIE.	REMARQUES.
Page 22. « Corne de la sole... Ses couches extérieures deviennent friables et sèches, et tombent par exfoliation. »	Il n'est donc pas rigoureusement utile que le maréchal pare la sole ailleurs qu'à la place du fer.

Id. « La fourchette forme une espèce de plaque de corne bien moins épaisse qu'on ne le croit ordinairement; elle est molle et flexible et susceptible de s'en aller en lambeaux filandreux. »

C'est un motif de plus pour ne pas l'amincir en la parant. Lorsqu'elle porte sur le sol, sa superficie devient dure. Elle s'use insensiblement, ou des lambeaux se détachent en temps opportun, comme tout ce qui est fait par la nature lorsqu'elle n'est pas contrariée.

Page 23. « Ce sont le corps de la fourchette et les éminences latérales qui font appui sur le sol. »

Oui, lorsque la corne de la fourchette n'est pas enlevée par le boutoir; ce qui en pratique est l'exception.

Page 24. « ... La circonférence inférieure dépassera un peu, et posera seule et également sur le sol. »

Ce qui n'est pas d'accord avec la ligne précédente qui admet l'appui de la fourchette.—Il serait à désirer que la théorie indiquât sur quelle largeur moyenne la circonférence du pied peut porter sur le fer. D'après nous, cette largeur peut être d'environ dix-huit millimètres, ou presque deux fois l'épaisseur de la muraille. (Voir les chevaux qui marchent beaucoup sans fers.)

Id. « Les pieds postérieurs... les quartiers et les talons sont généralement... plus écartés... que dans les pieds antérieurs. »

Ce qui est malheureusement la vérité; mais il serait important de faire remarquer aux élèves que cette disposition est un mal produit par la ferrure, et non un fait existant dans la nature, où les pieds antérieurs sont toujours les plus larges en talons. (Voir les chevaux qui n'ont jamais été ferrés.)

Page 49.
Fers utiles ou usités. 21
Fers utiles peu usités 7
Fers nuisibles...... .. 20

Total, 48 espèces de fers qui impliquent de bien longs détails, et dont on pourrait supprimer la majeure partie, à la satisfaction des élèves maréchaux.

Page 59. «La ferrure... Le but est de préserver l'ongle de l'usure et de la destruction auxquelles il serait exposé. »

Préserver de l'usure, oui, sans doute, cette expression est même suffisante; mais de la *destruction*, le mot est un peu en faveur de la ferrure. Nous avons vu beaucoup de chevaux marchant sans fers, boitant même par suite de l'usure de la corne; mais les pieds étaient si peu détruits, qu'aussitôt ferrés le mal avait disparu, et le dessous du pied était souvent plus sain qu'avant la marche à pieds nus.

Page 64. « Le boutoir sert à unir autant que possible la face plantaire et à retrancher une portion de la fourchette, si cela est nécessaire. »

A notre avis, le boutoir ne devrait servir, *règle générale*, qu'à parer la place du fer. Autoriser le retranchement d'une partie de la fourchette, c'est en quelque sorte en autoriser la ruine, parce que, dans cette partie facile à tailler, l'ouvrier ne sait pas s'arrêter à temps.— Il serait bon de préciser les cas rares, où il y a nécessité de parer la fourchette, et d'indiquer dans quelle limite on peut tailler cet organe sans l'affaiblir.

Page 65. « ... La sole doit être légèrement creusée en pince et en mamelles. »

La nature se charge de cette opération; notre avis est de s'en rapporter à elle. (Page 22 de la théorie : « La corne de la sole tombe par exfoliation. »)

Id. « Dans l'action de parer, on doit généralement ménager la sole des talons et des arcs-boutants... »

Recommandation sage, mais peut-être pas assez précise pour l'ouvrier; nous préférons les expressions : *parer le pied à plat et seulement la place du fer*. (Voir à la manière de parer le pied.)

« ... La fourchette doit rester intacte; on ne doit retrancher que les lambeaux qui s'en détachent. »

Variante de la page précédente embrouillant les souvenirs théoriques de l'élève.

Page 67. « 3º Que la portion de la face supérieure qui doit poser sur la muraille coïncide dans toute son épaisseur; »

Ce qui indique comme à la page 24 que la muraille seule doit porter sur le fer. Avec cette méthode, lorsque l'ouvrier n'est pas très habile, ce qui est le plus ordinaire, il arrive que c'est même le bord de la muraille qui porte seul; le pied se dérobe, la sole n'ayant pas assez de points d'appui s'affaiblit à sa circonférence. Si le cheval va souvent dans l'eau, il se produit quelquefois une disjonction de la muraille avec la sole, des quartiers de la muraille se détachent; il faut en venir à faire porter le fer sur la sole, alors affaiblie. On est exposé à avoir des bleimes, les clous sont difficiles à brocher, le fer est mal fixé et la faute est attribuée à l'animal; ce n'est plus qu'un cheval médiocre, il a de mauvais pieds.

Id. « 5º De faciliter la marche, etc. » (le fer).

Si l'on entend par faciliter la marche permettre au cheval de marcher longtemps sur les routes empierrées, c'est évident. Mais si l'on pense que le cheval marchera avec plus d'aisance, ce n'est pas notre avis. On ne peut guère admettre qu'un animal coureur ira plus vite, parce qu'on lui attachera deux kilogrammes de fers aux pieds. — L'énumération des avantages de la ferrure se résume en un mot : *empêcher l'usure du sabot.* (Nous ne parlons pas des pieds malades.)

Id. « La garniture est très importante et destinée à augmenter la base de sustentation, à

Il n'est pas démontré que la nature ait fait la base de sustentation insuffisante. « Faciliter l'évasement, etc.; » dans la pratique, c'est faciliter l'évasement de la paroi et à l'empêcher de s'éclater. »

précisément le contraire qui se produit; les pieds se resserrent, et quelquefois la muraille se dérobe.

L'utilité de la garniture est reconnue pour protéger les quartiers et les talons faibles; ainsi que pour les pieds dérobés, resserrés, et pour remédier à certains défauts des aplombs.

Page 68. « ... La rive interne doit être éloignée de la sole de deux à trois millimètres. »

Nous désirons un peu moins d'espace, parce que nous demandons le fer découvert. Cet espace ne doit pas exister en talons où la rive interne devrait s'ajuster bord à bord avec l'arc-boutant.

Page 70. « 1o Mettre des fers couvrant les talons seulement, mais ne les dépassant jamais. »

L'expression *jamais* est peut-être un peu absolue. Il y a des cas où il est bon que les éponges des pieds de derrière dépassent un peu les talons.

Page 73. « En résumé... et prolonge sa durée » (du cheval).

Des personnes prétendent que la ferrure abrége l'existence du cheval.

Page 78. «Pour ferrer un pied pinçard, il faut ménager la pince et parer les talons à fond, afin de rejeter l'appui sur les parties postérieures. »

La cause à peu près unique de ce défaut vient des pâturons trop inclinés; en abattant les talons, on augmente cette inclinaison. Les rayons osseux s'éloignant davantage de la verticale, il est très évident que la fatigue des tendons augmente. Aussi voit-on l'animal se poser encore plus sur la pince. On peut nous répondre que pour les chevaux bas-jointés, la théorie indique deux moyens pour élever les talons.

A cette vérité, il y a lieu d'ajouter qu'il serait très utile de faire remarquer à *l'article pinçard*, que, lorsque ce défaut provient du pâturon trop incliné, on doit ferrer le pied *comme bas-jointé*. On finirait par ne plus répéter : *ce cheval est pinçard, il faut lui abattre les talons*. Ces deux défauts, pinçard et bas-jointé, sont le plus souvent réunis; mais, dans la pratique, il semble que la pensée ne s'arrête que sur un, *le pinçard*. On obtiendrait davantage en traitant ce dernier comme bas-jointé.

Page 80. « Pieds à talons bas. La ferrure de ces pieds doit avoir pour but de rejeter le poids du corps sur les parties antérieures du pied. Pour cela, etc. »

Cette explication est très compliquée pour des ouvriers. Elle donne à entendre que le maréchal a le pouvoir de rejeter le poids du cheval d'un côté à l'autre, et de lui faire faire son appui tantôt en arrière, tantôt en avant. S'il en était ainsi, on ne devrait pas voir des chevaux pinçards et tant d'autres défauts d'aplombs. — La nature a ses droits et ses exigences; à notre avis, mieux vaut l'étudier et souvent l'imiter que la contrarier. Lorsque les talons sont bas, il faut les laisser croître.

Page 83. « Pour ferrer le pied trop petit, on doit le parer bien à plat, sans toucher à la sole, ni à la fourchette, ni aux arcs-boutants. »

Ces prescriptions nous semblent parfaites. Puisqu'elles sont bonnes pour les pieds trop petits, elles doivent par la même raison être bonnes pour empêcher le resserrement des pieds ordinaires. Alors, pourquoi ne pas les adopter comme *règle générale*?

Page 87. « Pour ferrer un pied à fourchette maigre, on ménage cette partie en parant le pied, et l'on mettra un fer qui

La fourchette maigre se remarque comme il est dit dans la même page 87 : « Dans les pieds encastelés, serrés, petits et étroits. » — Qu'entend-on par mettre les talons laisse les talons très à l'aise. »

des pieds encastelés, serrés, etc., *très à l'aise?* Le doute ici doit être permis. Si c'est une expression pour indiquer de la garniture, cette expression peut induire en erreur.

Page 97. «La bleime... Elle peut être occasionnée par... des corps étrangers qui se logent entre le fer et la sole, etc. »

Ces corps ne peuvent être que des corps durs, tels que des petites pierres. Rien n'est plus facile que de ne pas laisser sous le fer assez de place pour les loger.

Page 106. «Les causes qui font naître la fourchette échauffée sont le plus ordinairement la malpropreté, le séjour trop prolongé à l'écurie, dans l'urine et le crottin; elle peut aussi provenir de vice organique. »

Alors, comment expliquer que ce sont les fourchettes des pieds *de devant* qui sont le plus souvent atteintes d'échauffement, de suppuration et d'atrophie? Dans les régiments, dans la gendarmerie, les pieds de devant du cheval reposent sur de la litière propre. — Tout en admettant plusieurs causes accessoires, notre avis est que la principale cause qui produit les fourchettes échauffées vient de ce qu'on les taille assez pour les affaiblir, ce qui leur ôte en grande partie l'usage de leurs fonctions, et que si, malgré les soins, les pieds contiennent souvent des matières sales, cela tient beaucoup à ce qu'ils sont creusés et garnis de fers trop couverts.

La Ferrure sera-t-elle toujours un mal nécessaire?

On a défini ainsi la ferrure des chevaux: *C'est un mal nécessaire.*

Un grand nombre de chevaux d'espèce légère éprouvent du resserrement aux pieds de devant (1), la principale cause est généralement attribuée aux clous du fer qui limitent la dilatation du pied dans l'appui. Par conséquent le mal serait sans remède, car il est admis qu'on ne peut guère fixer le fer sans clous, et que sur nos routes les chevaux doivent être ferrés.

Les clous sont-ils bien réellement la cause du mal? Les faits suivants permettent de se prononcer en faveur de la négative. — Les pieds commencent à se resserrer précisément où il n'y a pas de clous, et souvent même le resserrement ne s'étend pas à la partie clouée. — Les Turcs placent des clous plus en arrière que nous, et nous n'avons remarqué chez eux ni encastelure, ni talons serrés proprement dits.— Dans le midi de la France, pays des petits pieds, on trouve chez les habitants beaucoup de vieux chevaux avec des pieds conservés.

Nous croyons avoir remarqué que cela tient à ce qu'ils sont ferrés avec moins d'*art* que dans les

(1) Les exemples de resserrement aux pieds de dernière sont rares.

régiments et dans beaucoup de villes, c'est-à-dire,
que les pieds sont moins taillés et surtout moins
dégagés, et que beaucoup de maréchaux font une
incision qui prolonge en arrière les deux lacunes
du sabot. Le bas des talons n'est plus alors aussi
bien maintenu par les prolongements aplatis (1)
(branches) de la fourchette; les angles des talons
se trouvent émoussés à la partie interne, et ne
prennent plus la forme des deux extrémités d'un
arc se rapprochant comme pour comprimer la base
de la fouchette. Celle-ci, laissée forte, peut s'élargir. La direction des talons et des arcs-boutants
est alors celle de la base d'une voûte tendant à s'é-
largir par l'effet de l'appui. Dans ces conditions,
et avec les clous rapprochés de la pince, le resserrement du pied paraît en effet impossible.

Nous invitons les hommes compétents à faire
cette expérience. Si elle réussit constamment,
comme on peut l'espérer, on ne pourra plus dire:
la ferrure est *un mal* nécessaire.

L'incision relative à l'angle interne des talons,

(1) Dans le jeune âge ces prolongements embrassent les talons.

lorsqu'il est utile de la faire, quoique simple et pouvant être pratiquée avec un couteau, demande un certain discernement. Dans les pieds qui n'ont encore qu'une tendance au resserrement, l'opération est facile; mais dans les pieds en voie de resserrement, en émoussant les angles alors aigus et rentrants des talons, il faut s'arrêter à temps pour ne pas trop affaiblir les plis de la muraille vers les pointes de la sole.

Quant aux pieds encastelés, il faut les confier aux soins du vétérinaire, comme tous les pieds malades ou défectueux.

Nombre des Etampures ou des Clous d'un Fer à Cheval.

Le nombre de huit clous a été reconnu nécessaire pour attacher un fer lourd à un pied très grand dont le tissu peut être lâche et mou, et d'où les clous peuvent se détacher. — On conçoit que la même nécessité n'existe pas lorsqu'il s'agit d'un pied qui se trouve dans des conditions opposées, c'est-à-dire d'un pied ordinaire ou d'un pied petit, dont la corne est d'un tissu serré et résistant.

Si l'on considère qu'il est reconnu que la présence des clous est presque l'unique obstacle à la dilatation du pied à l'état normal (pied non resserré), il est évident qu'en diminuant leur nombre on diminue un inconvénient d'autant plus grand que les clous les plus rapprochés des talons sont les plus nuisibles et que ce sont ceux qu'on supprime.

D'après ce principe, nous posons comme règle :

1° Six étampures aux petits fers et aux fers légers;

2° Sept étampures aux fers grands, ou lourds par suite de leur épaisseur;

3° Huit étampures aux fers très grands et pour des pieds à corne molle.

Lorsqu'il y a sept étampures, il doit eh exister trois à la branche interne et quatre à l'autre branche. — Lorsqu'un quartier devient faible, rentrant (faux quartier), il est bon de ne mettre que deux étampures du côté de ce quartier; on en met quatre du côté opposé. Dans tous les cas, il faut les rapprocher de la pince dans les fers de devant.

Un fer découvert et léger portant bien sur le

pied, sur presque toute sa face supérieure, peut être maintenu avec quatre clous et un pinçon. Nous avons expérimenté ce fait, dont, cependant, il est prudent de ne pas abuser.

Notions générales sur la manière de parer le Pied du Cheval. Différents cas d'aplombs.

Les diverses altérations des pieds des chevaux sont dues beaucoup moins au fer qu'à la manière de parer le pied. — On taille trop, on cherche trop à rectifier. N'est-il pas illogique d'enlever la partie dure de la corne qui protége la moitié du dessous du pied, sous prétexte que l'autre moitié sera bien garantie par le fer.

La théorie qui prescrit de creuser légèrement la sole en pince et en mamelles, et qui veut que le fer ne porte que sur la muraille, est-elle rationnelle? Oui, pour certains pieds exceptionnels qui doivent être confiés au vétérinaire. Mais dans les pieds ordinaires, les seuls dont nous nous occupons, outre l'épaisseur de la muraille, le fer peut porter sur le pourtour de la sole, sur une largeur de huit millimètres environ. Si la sole est forte, c'est le moyen de la conserver; si elle manque de consistance, elle prend de la force et se joint plus solidement à la muraille. (Voir la sôle des pieds qui marchent beaucoup sans fers).

Il n'est pas rare de voir toute l'épaisseur de la muraille se dérober. Alors, dans la partie dérobée, le fer ne peut porter que sur la sole, laquelle, laissée épaisse, permet au cheval de continuer son service.

Dans les défauts d'aplombs, le pied fait son appui le plus fort: *en avant, en arrière, en dedans ou en dehors*. Si l'on voulait mettre l'animal à son aise, il faudrait abattre du pied, du côté qu'il use le plus; ce qui serait d'accord avec la nature, mais en opposition directe avec la théorie des maréchaux de cavalerie.

Entrons dans quelques détails. Un cheval est pinçard du devant; les causes les plus fréquentes sont: le manque d'énergie, la faiblesse des reins ou le manque de jeu des épaules. Dans ces divers cas, l'avoine et l'exercice feront plus que le maréchal.

Un cheval est pinçard du derrière, c'est à peu

près toujours par suite des pâturons trop inclinés; on pare les talons à fond et naturellement le mal augmente.

Un cheval fait son appui le plus fort en talons. La cause est due le plus souvent (dans les pieds non malades) au jeune âge ou au manque de soutien des boulets. Une alimentation tonique et l'exercice feront plus que la ferrure.

Un cheval est panard, l'appui le plus fort est en dedans; si la défectuosité réside dans le pied seul, la ferrure peut y remédier. Mais si le mal vient du haut du membre, l'avoine et l'exercice pourront, dans ce cas encore, faire plus que la ferrure. Pour le coup d'œil, on peut lever le pinçon un peu du côté de la mamelle interne, le membre alors se présente mieux.

Un cheval fait son appui le plus fort en dehors; il est cagneux. Si la défectuosité vient du sabot, la ferrure peut y remédier; si cette direction tient à la disposition des os des membres, ce qui est le plus ordinaire, on ne peut que diminuer le mal. Pour le coup d'œil, dans ce cas, lever le pinçon un peu du côté de la mamelle externe.

Pour les quatre cas précédents, nous donnons comme *règle générale* de faire garnir le fer, autant que la chose est possible, du côté que se produit l'appui le plus fort; ferrer juste et redresser la muraille du côté opposé.

Dans les pieds sujets à se dérober, le maréchal, pour le fini de son travail, cherche comme toujours à bien faire porter sur le fer le bord inférieur externe de la muraille. Cela est nuisible en ce sens que cette partie du sabot est celle qui croît le plus promptement, et que, dès qu'elle porte seule, son défaut de consistance fait que de nouveaux éclats de corne se détachent.

Quelques personnes pensent que les pieds dérobés doivent marcher longtemps sans qu'on renouvelle la ferrure, afin d'avoir plus de corne à tailler, et, par ce moyen, pouvoir plus facilement niveler le bord de la muraille; on arrive à un résultat opposé. Les pieds continuent de se dérober, ce qui s'explique par les motifs indiqués : croissance plus prompte et défaut de consistance du bord inférieur externe de la muraille dans ces sortes de pieds.

Lorsque les aplombs du cheval sont réguliers, il est évident que le pourtour du pied doit être paré également. S'ils sont défectueux, il faut chercher à redresser le membre avec modération en observant que mieux vaut imiter la nature que la contrarier; que plus le cheval use ses fers également, plus les articulations conservent de force, de souplesse et d'aisance; que plus les os des membres sont perpendiculaires, plus ils supportent la masse sans fatigue pour les tendons; et que dès que les pâturons inclinés à 45 degrés, pour faciliter les mouvements, sont plus penchés et forment en arrière un angle inférieur à ce chiffre, il devient utile de conserver les talons plus ou moins haut; c'est ce que fait la nature dans les pieds nus (lorsqu'ils sont pinçards) pour diminuer les tiraillements des tendons de soutien. Dans la pratique, on remarque souvent le contraire. Avec des pâturons trop inclinés, sous prétexte que les pieds sont pinçards, on pare les talons à fond; alors, le malheureux animal, pour diminuer ses douleurs, se met tout à fait sur la pince et va lentement, tortillant ses jarrets devenus sans impulsion faute de points d'appui suffisants.

Il ne faut pas trop compter sur la ferrure pour faire disparaître complètement certaines défec-tuosités d'aplombs. Nous citerons deux cas : 1° Le cheval à membres en pieds de banc. Pour l'empêcher d'être panard, on arrive à le rendre cagneux du pied, de sorte qu'on obtient deux défectuosités pour une; 2° le cheval pinçard du derrière par suite de l'inclinaison outrée des pâturons; en parant à fond le derrière du pied, on obtient des pieds pinçards à un plus haut degré. La nature agit directement en sens inverse; le pied pinçard mis à nu ne s'use d'abord qu'en pince jusqu'à ce que le dessous du pied ait pris le niveau exigé par la disposition des articulations du pâturon.

Lorsqu'un cheval est légèrement pinçard et qu'il a les talons d'une hauteur convenable, il suffit de le faire marcher à pieds nus pendant quelques jours pour voir ce défaut disparaître. Faire ensuite rattacher les fers sans tailler les pieds; on se borne alors à unir la place du fer avec la râpe.

Manière de Parer le pied.

Règle générale : parer à plat (1) et seulement la place du fer.

Laisser assez d'épaisseur à la sole pour faire porter son bord externe sur le fer sur une largeur d'un peu moins d'un centimètre, non compris l'épaisseur de la muraille.

Les arcs-boutants, qui doivent porter sur la rive interne de l'éponge du fer, doivent être parés avec le boutoir tenu toujours à plat. Le rogne-pied, trop souvent employé dans cette partie, dégrade la corne, laquelle, à partir des pointes de la sole, s'éclate et se casse facilement.

On ne devrait parer la fourchette que dans les trois cas suivants : 1° la pointe, lorsque celle-ci est trop saillante; 2° les bords externes, lorsque, par exception, ils recouvrent en partie les lacunes du sabot (2), le boutoir tenu alors presque sur champ; 3° la partie inférieure, mais seulement dans le cas très rare où cette partie dépasserait le ni-

(1) Nous ne parlons pas des pieds malades ou défectueux.
(2) Résultat d'un appui qui a son importance.

veau de la face inférieure du fer, ce qui ne peut arriver qu'après avoir beaucoup raccourci un pied très long.

En parant la pointe trop saillante de la fourchette, on évite qu'un lambeau trop fort ne se détache de cette partie. En parant les côtés de la fourchette, lorsqu'ils recouvrent en partie les rainures du pied, on facilite le moyen de le nettoyer. La fourchette qui dépasserait le niveau inférieur du fer aurait trop d'appui à supporter.

Lorsqu'il y a des clapiers, il est bon de se rappeler que le meilleur moyen de guérir et de fortifier la fourchette est de la faire porter sur la litière et sur la terre, et de ne pas oublier les soins de propreté.

Dans les pieds en voie de resserrement, les deux talons se rapprochent l'un de l'autre, et ils se terminent ordinairement par deux pointes comprimant la base de la fourchette. Faire alors une incision qui émousse ces pointes en prolongeant directement les deux lacunes du sabot. Elle est aussi très utile, lorsqu'une partie de la corne de la base postérieure de la fourchette passe anx talons;

dans ce cas, cette incision sert de limite et rend à la fourchette sa corne et l'espace qui lui est nécessaire. Dans cette petite opération, le boutoir doit être tenu sur champ ou il faut employer un autre instrument et s'arrêter à temps, afin de ne pas affaiblir la petite muraille qui forme l'arc-boutant. On conçoit alors que la fourchette puisse se conserver et même s'élargir, surtout si le pied a été disposé de manière à ce qu'elle puisse porter sur la litière et sur la terre.

Lorsque la fourchette est maigre, étroite à sa base, il est bon également de lui faire une place un peu large en émoussant la partie interne des talons. Ces moyens doivent contrebalancer l'effet des clous diminuant la dilatation du pied dans l'appui. C'est surtout dans les pieds des chevaux de race, et pendant les longues sécheresses, qu'on aura l'occasion de les employer.

Les pieds qui usent peu le fer ont besoin d'être parés tous les quarante jours au moins.

Les pieds dérobés demandent à être ferrés souvent, afin que le bord inférieur de la muraille ne porte pas seul sur le fer.

Lorsqu'on emploie le fer à éponges tronquées, on doit ne parer strictement que la place du fer, et renouveler la ferrure assez fréquemment pour conserver les aplombs. Remarquer qu'avec ce fer la garniture déplaît à l'œil.

Conditions d'une bonne Ferrure.

Pour la conservation du cheval, un pied est bien ferré :

1° S'il a conservé sa forme et ses dimensions naturelles; les pieds de devant plus ronds et plus larges que ceux de derrière, surtout en talons.

2° Pieds ni trop longs ni trop courts.

3° Le fer s'usant sur toute sa face inférieure et garnissant modérément en dehors, fixé autant que possible par six clous (1), rapprochés de la pince dans les pieds de devant.

4° Les éponges ne dépassant pas les talons des pieds de devant, excepté pour certains chevaux de gros trait.

(1) Voir page 38.

5º La face supérieure du fer unie; de l'ajusture vers la pince seulement, l'épaisseur ou le poids du fer en rapport avec la manière de marcher du cheval et avec la nature de la corne du sabot.

6º Fer découvert; l'angle supérieur de la rive interné chanfreiné; cette rive ne portant sur la corne qu'en talons, s'ajuste bord à bord (1) avec les arcs-boutants laissés forts.

7º Les talons et les arcs-boutants portant carrément sur le fer, ou sur le sol lorsque le fer est à éponges tronquées.

8º La fourchette et les autres parties du dessous du pied, non couvertes par le fer, laissées dans toute leur force.

9º Si la muraille est sujette à se dérober, son angle inférieur ne doit pas porter sur le fer nouvellement posé.

10º Le pied ne doit être râpé ni au-dessus ni en arrière des rivets, excepté lorsqu'il y a des aspérités à faire disparaître; dans ce cas, il est très utile d'employer les corps gras après avoir râpé. (Voir page 52 lés avantages de cette ferrure).

(1) Pour cela, l'éponge interne est nécessairement étroite.

Conditions d'une Ferrure à la mode

NOMMÉE PAR CERTAINS MARÉCHAUX

Ferrure de Luxe :

1º Le pied rendu un peu petit (très nuisible).

2º Les rivets bien faits et à la même hauteur.

3º La rive externe du fer très régulière.

4º Le fer très juste en dedans, garnissant suffisamment en dehors, sa rive externe chanfreinée sur toute l'étendue de la garniture.

5º L'angle inférieur de la muraille portant bien sur le fer (nuisible, lorsque la corne est sujette à se dérober).

6º La muraille bien râpée (nuisible).

7º Le dessous du pied taillé jusqu'au vif, creusé, dégagé (très nuisible), le boutoir fait alors une belle coupe; en sortant de la forge, cette coupe plaît à l'œil lorsque le pied est levé.

L'angle interne d'une éponge s'étend parfois jusque sur la fourchette; elle supporte alors l'appui constant des arêtes saillantes de cet angle, lequel est un obstacle au passage du cure-pied dans les la--cunes du sabot, et il maintient en place les pierres qui s'introduisent dans ces lacunes.

Avantages de la Ferrure proposée.

Avec les modifications proposées, le maréchal a moins de corne à tailler. Le fer ayant plus de points d'appui sur le sabot, l'attache des premiers clous est plus facile et la muraille est moins sujette à se dérober; le fer est moins vacillant, et comme il est plus étroit des branches, il peut être plus léger. Le cheval est moins disposé à glisser.

Mais le plus grand avantage, c'est la *conservation des dimensions du pied*. Par conséquent, on n'a pas à redouter : l'amaigrissement de la fourchette, l'encastelure, le resserrement dés talons, le crapaud (1), certaines boiteries. Les pierres ne peuvent trouver place sous le bord interne du fer, les clous de rue sont plus rares et moins pénétrants, le poser et l'appui sont francs; enfin, on a moins

____

(1) Sauf le cas très rare de causes intérieures.

d'aplombs défectueux et moins de genoux couronnés.

Avec cette ferrure, les deux lacunes du sabot restant à découvert, le pied est facile à tenir propre. Le dessous du sabot conservant sa force naturelle, si le cheval perd un fer, il peut encore marcher quelque temps sans grand inconvénient.

Résumé : *durée du cheval plus longue.*

Réponses à quelques Objections.

Qu'il me soit permis de commencer par cette question : Pourquoi dans les chevaux d'espèce, à partir de quatre à huit ans, les pieds de devant sont-ils plus étroits en talons que ceux de derrière, lorsque la nature veut toujours le contraire?

De ce qu'il est reconnu que le bas de la muraille réclame la protection du fer pour résister aux terrains empierrés et à l'humidité, s'ensuit-il qu'il faille creuser le pied? En d'autres termes, fait-on bien d'enlever la corne protectrice des parties que le fer ne doit pas couvrir?... Le maréchal tient à enlever la corne morte parce que, sous ce prétexte,

il se donne le plaisir de tailler dans le vif, ce qui
pour lui fait un travail plus propre. Mais ici la nature n'a pas besoin d'auxiliaire; elle se débarrasse
de la corne morte comme, dans certains végétaux,
elle rejette les parcelles d'écorce devenues inu-
tiles. Si un lambeau de corne se détache parfois de
certaines fourchettes, tout homme peut l'enlever
avec l'aide d'un couteau, ou même sans instrument.
Nous répétons souvent à notre maréchal : *Parez à
plat, et la place du fer seulement;* laissez faire la
nature pour le reste.

Voulez-vous, dira-t-on, supprimer la concavité
naturelle du pied? Non, car elle est augmentée en
hauteur par l'épaisseur du fer, et elle sera d'autant
plus augmentée en largeur que le fer sera plus découvert.

La fourchette portera trop sur le sol, dit-on. Elle
n'en sera que plus forte; elle est naturellement
moins dure que le fer, elle s'use donc plus vite et
laisse toujours au fer le principal appui.

Nous accusera-t-on d'avoir exagéré le mal? Nous
pourrions répondre : Assistez aux ventes des chevaux de réforme et vérifiez par vous-même. Nous

avons vu nombre de fois les quatre cinquièmes des chevaux de réforme avoir les pieds encastelés ou les talons serrés.

Une enquête prouverait que le resserrement des pieds des chevaux est très préjudiciable à une grande partie de la gendarmerie française, à beaucoup de régiments, etc. Cette affection, il est vrai, n'enlève pas les chevaux comme le faisait la morve jadis, mais elle leur cause des douleurs, détruit les aplombs, produit des chutes et met l'animal hors de service avant le temps assigné par la nature.

Si le cheval qui a les pieds resserrés pouvait parler, nous pensons qu'il tiendrait à peu près ce langage : J'avais à trois ans, sous le derrière du pied, une voûte forte, mobile et faisant ressort; c'était l'ouvrage du Créateur! En voulant mieux faire, vous l'avez transformée et rendue immobile comme une voûte en pierres. Les conséquences en sont pour moi compression et douleur.

Conclusion.—Lorsqu'on veut réformer la nature, on tombe dans les excès. La nature indique la vérité, la mode propage trop souvent l'erreur.

Pour se convaincre, il est bon de faire sur des pieds non resserrés l'expérience de la ferrure ci-dessus indiquée. C'est en expérimentant sans prévention que l'on peut arriver à découvrir la vérité.

Nota. — Pour les pieds faibles, défectueux ou malades, on doit avoir recours au vétérinaire.

Un mot sur les Aplombs à l'écurie.

Bien que cette question soit étrangère à la ferrure, son importance m'a engagé à en dire quelques mots.

Pour les aplombs, il est bon qu'à l'écurie le cheval soit sur une litière horizontale.

Un ancien préjugé veut que le cheval ait à l'écurie le devant plus haut que le derrière. Dans cette attitude, le cheval plait à l'œil; mais l'animal s'en trouve-t-il bien? Nous avons eu en campagne la preuve du contraire. Dans des camps établis sur un sol incliné, aussitôt que les chevaux avaient fini leur fourrage placé en amont, ceux qui étaient fatigués sur leurs boulets de devant faisaient demi-tour pour se placer le devant en aval (1). Observez deux chevaux fatigués dans une écurie creusée sous les pieds de derrière. Lorsqu'ils auront mangé, l'un reculera au bout de sa longe, l'autre se placera le long de la mangeoire ou fera comme son voisin; ils auront trouvé le plan voulu par la nature, car il est évident qu'elle a donné au corps du cheval une direction horizontale.

Ce qui pourra étonner quelques personnes, c'est que le cheval ayant à l'écurie le derrière en bas, c'est du devant qu'il s'use le plus promptement.

Il est vrai que, si l'on pose un banc sur un plan incliné, un bout en haut et l'autre en bas, les deux pieds du banc qui seront en bas seront plus chargés que les autres; ils porteront plus de la moitié du poids du banc. Mais, dans ce cas, il est bon de remarquer que les pieds du banc sont perpendiculaires (2) au plan sur lequel ils sont posés, pendant que les membres d'un cheval, dans la

(1) Les chevaux, dans ce cas, étaient attachés par un pied de devant.

(2) Vus de profil.

situation, sont perpendiculaires à l'horizon. Si l'animal plaçait ses quatre membres perpendiculaires au plan incliné, comme les pieds d'un banc, il serait condamné à des contractions musculaires rendues impossibles par leur persistance obligée, ou il perdrait l'équilibre et ferait une chute dans le sens de la pente. C'est exactement ce que ferait aussi le banc si ses pieds étaient fixés à leur partie supérieure par des jointures mobiles.

Si, sur un sol incliné, on place un cheval, un côté en amont et l'autre en aval, ce sera encore les deux membres placés en haut qui se fatigueront le plus. Ceux du bipède latéral, du côté opposé, se trouveront trop courts pour supporter la moitié de la masse du corps. Ce principe s'applique également à l'homme qui pose ses pieds, à côté l'un de l'autre, sur deux degrés différents (les jarrets tendus.)

Non-seulement les deux membres placés en haut sont les plus chargés; mais, en affectant la direction perpendiculaire pendant que leur base, le pied, pose sur une surface inclinée, les os des membres ne portent plus régulièrement les uns sur les autres. Les genoux, et surtout les boulets, se portent en avant (le devant étant en haut), l'animal perd ses aplombs et passe bientôt pour un cheval plus ou moins usé, alors même qu'il n'a jamais travaillé.

S'il restait quelques doutes basés sur l'analogie que des cavaliers trouvent entre l'homme couché et le cheval dans la même position, il faudrait se rappeler que la nature a fait l'homme pour marcher dans la position verticale, pendant que le tronc du cheval est fait pour occuper une direction horizontale (1). Ainsi, chez les quadrupèdes, il est manifeste que, lorsqu'on a l'intention de leur faire goûter du repos ou de conserver les membres dans une bonne direction, il n'y a rien de mieux à faire que de les placer sur une litière horizontale.

Nous terminons avec l'espoir que les éleveurs, ainsi que tous ceux qui s'intéressent à la conservation du cheval, ne verront dans ce travail que le résultat d'une persévérance soutenue à rechercher la vérité dans la nature et dans les faits, et à vul-

____

(1) On trouverait là la réponse à la question : pourquoi les animaux nagent-ils naturellement ?

gariser des notions qui pourront rendre des services et peut-être provoquer de nouvelles recherches de la part de quelques hommes compétents.

TABLE DES MATIÈRES

	Pages.
Avant-propos	I
Notions sur le sabot du cheval	4
Description d'un fer ordinaire	8
Observations générales sur le fer	9
Examen de la ferrure des chevaux	14
Contradictions en maréchalerie	18
Pieds encastelés	20
Cause principale du resserrement des pieds des chevaux	22
Causes secondaires de resserrement	22
Chevaux qu'on ne devrait pas ferrer	25
Coup d'œil sur la théorie de l'école de maréchalerie de Saumur	28
La ferrure sera-t-elle toujours un mal nécessaire?	35
Nombre des étampures ou des clous d'un fer à cheval	38
Notions générales sur la manière de parer le pied du cheval. Différents cas d'aplombs	40
Manière de parer le pied	46
Conditions d'une bonne ferrure	49
Conditions d'une ferrure à la mode, nommée par certains maréchaux ferrure de luxe	51
Avantages de la ferrure proposée	52
Réponses à quelques objections	53
Un mot sur les aplombs à l'écurie	56

Fig. 1.

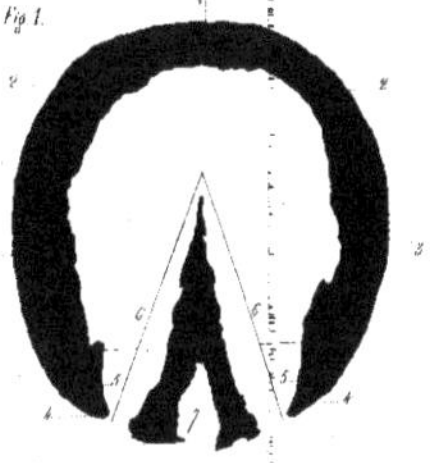

Empreinte d'un pied ferré par la Méthode [illegible]

Fig. 1. — **Empreinte d'un pied à l'état NORMAL**, produite par un pied gauche de devant paré à plat, et posé à nu sur le papier après avoir eu la face plantaire enduite d'une couche d'encre.

1 Trace de la pince;
2 id. des mamelles;
3 id. des quartiers;
4 id. des talons. Les points de jonction de la fourchette, et la partie arrondie des talons ne laissent pas d'empreinte sur un sol dur, excepté dans le jeune âge;
5 Indication de la partie postérieure des arcs-boutants, devant s'ajuster bord à bord avec la rive interne des éponges du fer;
6 Indication des lacunes du sabot;
7 Vide de la fourchette.

Fig. 2.

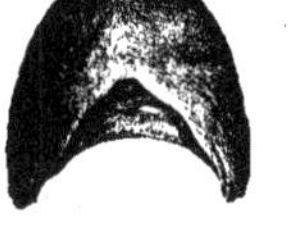

Fig. 2. — Face plantaire de l'os du pied.

Cet os, avec la couche de chair cornée qui l'entoure, trouve sa place dans le sabot qui a produit l'empreinte, fig. 1. — Mais lorsque le sabot passe à l'état de pied encastelé, fig. 3, quelle forme prend cet os et que deviennent les nombreux vaisseaux et les nerfs situés sur ses côtés? — Nous laissons aux optimistes en matière de ferrure le soin de répondre à cette question.

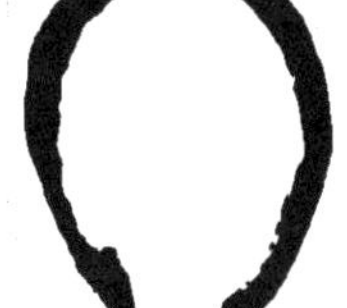

Fig. 3.

Empreinte d'un pied déformé par la ferrure [illegible]

Fig. 3. — **Empreinte d'un pied ENCASTELÉ** (pied droit de devant), obtenue par les moyens indiqués figure 1.

Le pied étant très creux, bien que paré à plat, la circonférence seule a laissé une empreinte sur le papier.

La fourchette est très petite, irrégulière; elle se trouve à environ 15 millimètres du sol, de sorte qu'elle ne peut laisser aucune trace de son appui.

L'arc-boutant a presque disparu du côté externe; du côté opposé il en reste une partie qui a laissé sa trace.

Les articulations des membres sont portées en avant, le genou est couronné.

On croit difficilement que ce pied avait, la première fois qu'on l'a ferré, la même forme et à peu près les mêmes dimensions que celui de la figure nº 1.

Les deux chevaux auxquels appartenaient ces pieds (fig. 1 et 3) étaient de la même espèce, et ils étaient presque de la même taille, 1 m 54.

Fig. 4.

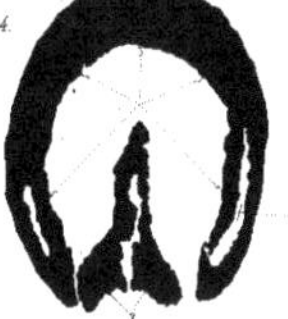

Fig. 4. — Empreinte du pied gauche de devant d'un cheval entier âgé de vingt ans, taille de 1m 20. Il marche à pieds nus depuis dix-huit mois. — Ce petit cheval était [illegible] du derrière, couronné. Il a cessé d'être [illegible] après vingt-cinq jours de repos et d'exercice modéré à pieds nus. — Il n'était pas solide sur son devant lorsqu'il était ferré; depuis qu'il est sans fers, ses mouvements sont plus légers et il n'a jamais bronché sous son jeune cavalier.

Nº 1 — Base de la fourchette. Elle a repris sa force normale, un appui assez large se produit dans cette partie.

2 — Partie de la sole affaiblie d'ancienne date et mal jointe à la muraille du quartier interne.

3 — Pourtour de la sole commençant à l'appui. — La nature est ici en opposition avec les théories qui veulent que la sole ne porte pas, et qui prescrivent de la creuser légèrement en pince et en mamelles; on remarque, au contraire, que c'est dans ces deux parties que les points d'appui de la sole ont le plus d'étendue.

www.ingramcontent.com/pod-product-compliance
Ingram Content Group UK Ltd.
Pitfield, Milton Keynes, MK11 3LW, UK
UKHW021447090726
13657UKWH00003B/1271